AF371153

# REPROCHES

## Du

# CAPITAINE

## GVILLERY, FAICTS

aux Carabins, picoreurs
& pillards de L'armée de
Messieurs les Princes.

**A PARIS**

De l'Imprimerie d'Anthoine du Bruëil
entre le Pont S. Michel & la ruë de
la Harpe, à l'Estoille cou-
ronnee.

M. DC. XV.

# REPROCHES DV CAPI-
taine Guillery, faicts aux Carabins picoreurs & pillards de L'armee de Messieurs les Princes.

HA! mes freres vous des-ho-norez l'Estat, est-ce ainsi qu'ó se comporte à la guerre ou tout d'vn coup le vallet veut estre maistre, ou le pigeon veut voller auant qu'auoir des aisles, ou l'Escolier veut sortir de l'escolle auant que d'auoir rendu les actes & les preuues de sa profession.

Du temps que Guillery i'estois, on me voyoit marcher sous les cornettes du feu Duc de Mercœur, & ie me fis tellement sous la conduitte d'vn chef si important, que ie deuins fort grand Conseiller, sub-ptil aux entreprises, & fort grand de cou-rage, bref ayant acquis toutes les marques d'vn bon soldat on me donna vne compa-gnie, en la conduitte de laquelle, ie m'ac-

quitay de ma charge auec autant de mo-
deſtie & vaillance que Capitaine de mon
temps: i'eſtois touſiours le premier aux eſ-
carmouches, & ne demãdois qu'à remuer
le fer touſiours au milieu du feu & du ſãg,
& iamais ne m'amuſois au pillage, l'eſti-
mant vne choſe indigne de ma valeur.

Ce n'eſt pas là la vie que vous voulez
mener freres, car ie voy bien par les pro-
cedures que vous tenez au commance-
ment de ceſte guerre, que vous n'auez le
cœur qu'à la volerie, qu'au pillage & butin
poltrons que vous eſtes ſoldats de rapine,
oyſeaux de proye, auſſi ne voꝰ fuſſiez vous
iamais enrollé ſous les chefs qui vous cõ-
duiſent, n'eut eſté la belle eſperance qu'õ
vous donna de demeurer Maiſtres de la
campagne & vous laiſſer viure auec toute
ſorte de liberté, ô pendarts? on en pendra
tant.

Quant Guillery i'eſtois combattans
ſous les enſeignes de mon Maiſtre, & bon
Seigneur, ie n'auois du ſang & de la vie
que pour deſpendre liberallement à ſon
ſeruice eſperant qu'apres auoir ſouffert
vne infinité de playes, paſſé & trauerſé
dix mille dangers le reſidu de m'a meilleu-

re fortune consisteroit en sa bonne affection : mais quoy! ie fus malheureux : car
pour auoir bien & fidellement seruy le
sort de ma fortune me rendit miserable,
& me precipita aux hazards peu hônestes,
qui finallement m'ont conduit au suplice.

Mais vous ne commancez encore qu'a
trauailler, & desja vous vous payez par
vos mains, seruans vos Maistres & chefs
par vos actions & menees, vous leur ac-
querez les plus glorieux tiltres du monde
& quels au lieu qu'ils croyent auoir des
gens de bien auec eux, il n'ont que des larrons, que des volleurs, & des pendars qui
ne se soucient ny du seruice, ny de la bonne affection de leurs chefs en recognois-
sance de leur merite, on en prendra tant.

Ainsi me voyãt frustré de mes esperan-
ces m'ayant delaissé, ie me laissé emporter
au desespoir, laissant abastardir mon cou-
rage ne trouuant plus durant la paix ou
l'exercer genereusemẽt, ie feis ma retraicte de rage & de despit, aux bois & aux forests, pour auancer ma main sur les passans
& abandonner m'es desirs aux pillages sur
les moyens d'vn chacun : mais ce ne fut
qu'apres auoir perdu la saison & le temps

de pouuoir exercer m'a valleur.

Mais vous autres qu'on conduit aux exercices des armes, qu'on mene sur les lieux au pretendu seruice duRoy ou vous auez l'ame poltróne & coyonne qu'au lieu de ce faire, vous espiez les pauures paysants, on en pendra tant.

Bien que Guillery ie fusse plongé en ce desespoir, & en ce dernier despit comme fort robuste & redouté, ie me trouuay assisté, de beaucoup de gens qui attacherent leur vie & leur fortune au mesme hazard, que la miéne, ou ramassa l'escume de toute la haute & basse Bretagne, Poictou, & autres pays, ie me trouuay accompagné de plus de quatre cens hommes tous de faict & de mise.

Mais vous autres estes trop lasches & gourmands, vous auez la peau trop tendre pour l'estendre si loing, & pour attirer à vous tant d'adioints, vous ne voulez pas tát de suitte pour faire vos pilleries aussi auriez vous peur que le butin de vol ne fut assez ample si vous estes seulement douze, ou quinze d'vne bande apres la maison de quelque laboureur, vous entre-mangez encore, comme chiés & chats

& villains à qui montera le premier deſſus
la fille ou la chambriere de la maiſon & à
qui aura la bourſe, au diable ſoit la canail-
les, on en pendra tant.

Quant Guillery i'eſtois, ie me rangeay
premierement dans la foreſt de Mache-
chou en Ray, où ie dreſſé ma puiſſáte for-
tereſſe pour la retraicte ſeure de moy &
des miens au retour de nos chaſſes.

Mais pour vous, vous n'auez pour retraicte bien ſeure que la campagne &
quelques meſchantes tauernes, où vous
arriuez auiourd'huy en l'vne, demain en
l'autre, ſans prendre garde ſi les Preuoſts
ne vous ſuiuent point, ô freres vous eſtes
trop impudents en ce meſtier, on en pendra tant.

Aſſuré & reſolu que i'eſtois, ie trouuay
vne fois vn hóme ſur le chemin de Nätes
qui s'en alloit ſolliciter vn procez, & me
diſant qu'il n'auoit point d'argent, à force de prier Dieu, ie decouuray qui luy e-
ſtoit venu quatre cens eſcus en ſa pochet-
te alors luy & moy nous les contaſmes, &
apres les auoir comptez, nous partiſſons
eſgallement comme freres, ſans autre
bruit ny diſputes telle qu'elle fuſt.

Voyez freres, voyez, si vous estes de si
bonne amitié, ia vous estes bien rogues,
& ne vaudriez rien a torcher le cul, car vo°
estes trop rudes & mal gracieux, aussi
n'aurez vous iamais rien, car quand vous
trouuez le pauure marchand en chemin,
vous le saluez de chair, & de mors, & pour
tout gracieux accueil le colletez & luy
vuidez sa pauure bourse, sans vous sou-
cier cequ'il peut deuenir, ha! ingrats,
meschans & indignes d'estre freres de
Guillery, on en pendra tant.

Ainsi redouté que i'estois, me transpor-
tant en plusieurs lieux suiuant les forests,
& attendant le retour des marchands le
long des grands chemins, ie fus vne fois
aduerty que quelques Preuosts s'estoient
amassez auec leurs archers pour me venir
surprendre dans la forest de Mouchemont
qui est pres de Rouën là i'assemblay mes
gens, & les tiray à quartier, puis en uoyay
recognoistre les forces desdicts Preuosts,
& moymesme mi trasportay habillé en pai
sã, puis ayãt veu que leur forces n'estoiẽt
bastantes pour les miẽnes, ie les allay char-
ger dans ladicte forest de telle furie, que
ie les mis en fuitte, & en ayãt tué quelques
vns

vns & bleſſé pluſieurs, i'en emmenay ſix
ou ſept priſonniers, & les ayant faict atta-
cher aux arbres nous priſmes leurs caſa-
ques, & nous en allaſmes la nuict enſui-
uant à vn chaſteau proche de la apparte-
nant à vn Preſident, & feignant le chercher luy commandaſmes d'ouurir les por-
tes de par le Roy, à l'inſtant ouurir cof-
fres & cabinets, ou nous fiſmes fort bien
nos affaires.

Voyez freres voyez, ſi vo' aurez iamais
tant d'eſprit de reſiſter aux Preuoſts comme nous fiſmes, & faire de leur deſpoüil-
les ſi ioliment voſtre proffit, c'eſt bien au
contraire, car ſi vous les ſentiez venir
de loing quoy que vous fuſſiez auſſi forts,
vous auriez la fiebre au cul, ha ! pauures
eſcoliers, on en pendra tant.

Moy eſtant bien armé & aſſocié de bós
& valleureux ſoldats i'eſtois la terreur de
toute la campagne, l'eſpouuante des marchands, & guieres les Preuoſts ne venoiét
me chercher pource que ie leur faiſois
mauuais eſcorte, & au gros des bois faiſois planter des poicteaux ou i'eſcriuois
ces mots, la mort aux Preuoſts, la corde
aux archers nul n'approche ces lieux qui

ne foit bien fuiuy.

Mais vous noureaux picoreurs, vous ne vallez rien que pour piller le bon-homme, que pour deftrouffer les marchands, & rançonner le monde, allez la corde à telles gens que vous qui n'auez du courage que contre vn homme feul, Guillery de fon temps ne vouloit a fa fuitte de fi lafches poltrons.

Quand ie trouuois quelqu'vn parmy les chemins, ie luy demandois ou il alloit, d'ou il venoit & quel il eftoit, ie m'enqueftois en fuitte des finâces qu'il auoit, & apres l'auoir fouillé & particulierement vifité, fi ie ne luy trouuois argent fuffifamment pour accomplir fon voyage ie luy en donnois du mien, s'il en auoit plus qu'il n'en auoit befoin pour acheuer fon chemin, nous le comptions & partiffions cóme freres & cela fait le laiffois aller fás luy faire aucun autre tort ny dommage.

Voyez fi vous eftes de fi bonne confciē-ce, ie tiens pour tout affeuré que vous n'auriez garde de faire le femblable ie vous tiens d'vn tel naturel, & l'experience le monftre, que vous arracheriez volontiers e cœur des pauures gens, puis

que les ayāt to⁹ vollez pillez , & defrobez ,
encore leur mettez vous le poignard fous
la gorge pour leur faire confeſſer de force
ou de gré, s'ils n'ont point deftourné quel
que partye de leur bien, vous leur donnez
le fronteau , vous leurs ſerrez les poulces
auec les rouëts d'arquebuze , ha qu'elle
defolation, vous eftes des bourreaux fans
miſericorde , vous en ſerez payez au double , & non point au double car il ny a
point de ſupplice qui puiſſe eſgaller vos
forfaits & demerites.   On diſoit l'an paſſé que vous eftans en Poiſtou, apres vo⁹a-
uoir rendus ſouls cóme bougres, enyurez
iufques à ietter le vin par la gorge, par le
nez & par les yeux , miſerables que vous
eftes , vous renuerſiez les muids de vin
dans les puits a faute de contenter vos
maudites volontez par argent : mais quoy
que diſt-on de vous en cefte armee ie ne
ſçay ſi ie dois croire, on dit que pour auoir
de l'argent , vous defpouillez les hommes
à leur chemiſe & les battez & outragez de
telle forte que pluſieurs en font morts, au
Diable ſoit donné voftre race, vous aurez
bonne iſſuë de tout cecy , vn de ſes matins.

B ij

Moy Guillery, ayant esté si conscien-
cieux, si fidelle si accostable, & si peu sou-
cieux de ces richesses du móde si ennemy
des meurtriers, pour auoir faim, hay le
meurtre le sang & la cruauté pour auoir e-
sté si doux & si clement enuers les marchands, que de ne prendre que la moitié
de leur argent, pour leur en auoir donné
quand ils n'en auoyent point pour para-
cheuer le residu de leur voyage, pour n'a-
uoir fait si bonne compositió auec les sim-
ples, si dis-ie pour auoir esté de cet hu-
meur, en cet indigne Estat de volleur ie
n'ay pas laissé d'estre prins, poursuiuy &
mené par les Preuosts, archers, & sergens
dans la ville de la Rochelle, ou mon procez me fut faict, & moy condamné à estre
rompu tout vif sur vne rouë. Que deuez
vous estre dóc mourtriers inhumains, volleurs insignes, brigands & larrons qui sans
mercy & sans misericorde vollez & des-
robbez tout ce qui se rencontre sous vos
mains, qui mettez dehors des les maisons
femmes pleurans & gemissants auec leurs
petits enfans entre leurs bras, contrainte
de s'en aller chercher ailleurs, leur meil-
leure aduanture, auec vn baston blanc en

la main leurs pauures maris en fuitte, có-
traints de renoncer à tout, aymant mieux
fouspirer leur malheur à l'ôbre d'vn buif-
fon, que viure auec vous auec toute forte
de tyrannie, de felonnie & de barbarie.
Et quelle pitié, frere, d'entendre auiour-
d'huy parler de vous en comparaifon.

*Guillery fut en fa ieuneffe*
*Carabin remply de valeur*
*Puis declinant vers fa vieïlleffe*
*Deuint vn infigne volleur.*

Mais iamais il ne fe dira de luy les cho-
fes que quatre des meilleures prouinces
de noftre France publieront à l'aduenir
de vous : & ie voy l'heure, qu'vn de ces
matins qu'on fera vne telle perquifition,
de voftre vie enragee & de tant de volle-
ries que vous auez faictes contre la voló-
té defdicts fieurs les Princes, car ie le croy
ainfi, qui ce fera vne telle executió de vos
charongnes, qu'il ny aura rien d'oublié
du pareil qu'il fe fit durant les derniers
troubles à le penderie de Bretaigne faicte
par le Comte de Lamoignon commandát
pour lors a vn Regiment pour feu Mon-
fieur le Duc de Mercœur : Cela vous eft

tout acquis,& n'en esperez pas moins,car
vous meritez cent fois plus , & ne sçay ce
que s'en sera, sa Maiesté en reçoit tous les
iours des plaintes , & receura encore plus
que iamais d'oresnauant, par tant de fa-
milles que vous auez ruinees & mises au
blanc : telle sera vostre fin , telle la recom-
pēse de vos beaux faicts , tel les salaires de
vos courses & tel le prix destiné aux plus
cruels & felons voleurs du monde , ainsi
que chacun vous à recogneüs.

## FIN.